어린이와 함께하는

Kids Together 성경공부

본 교재는 교회와 가정을 연결하는 아동부 교육목회 해피투게더의 어린이 성경공부 부분으로,
어린이들이 말씀중심으로 다양한 신앙의 주제를 배울 수 있는 성경교재입니다.

어린이와 함께하는
Kids Together
성경공부

발행일 | 2011년 12월 29일

발행인 | 양금희
편집인 | 이지영, 김은식
디자인 | 류선미, 박지원
발행처 | 장로회신학대학교 기독교교육연구원
주소 | (143-756) 서울시 광진구 샘말길 23 (광장동 353)
전화 | 02)450-5424~5
팩스 | 02)458-4613
홈페이지 | www.ceri.co.kr

에듀랜드 Eduland | 에듀랜드는 Education, Land의 합성어로 '교회교육이 숨쉬는 땅'을 표현하는 기독교교육연구원의 상징입니다.

차례

알려두기

쏘옥! 말씀 이야기

어린이가 쉽게 이해할 수 있는 성경메시지를
어린이들과 함께 읽습니다.

아하! 나는 성경박사!

본문의 핵심 내용에 대한 질문을 나누고 대답합니다.

꼬마 말씀사전

본문에 나오는 용어, 지명, 인물 등에 대한
설명을 듣고 이해합니다.

가자, 세상으로!

배운 말씀을 어린이의 생활 속에 담습니다.

말씀을 생각하며 기도해요

오늘의 말씀을 생각하며 결단의 기도를 드립니다.

희망

희망의 사람이 되었어요!

(사도행전 9:1~22)

쏘옥! 말씀 이야기

사울은 **다메섹**에 있는 그리스도인을 모두 잡아서 예루살렘으로 끌고 오려고 했어요. 그런데 다메섹에 가까이에 이르렀을 때에, 갑자기 하늘에서 환한 빛이 나타나더니 하늘에서 한 소리가 들렸어요.
"사울아, 사울아, 네가 왜 나를 핍박하느냐?" 사울은 대답했어요. "주님, 누구십니까?" "나는 네가 **핍박**하는 예수다. 일어나서, 성 안으로 들어가거라. 네가 해야 할 일을 일러 줄 사람이 있을 것이다." 사울은 3일 동안이나 보지 못하고, 먹지도 못하고, 마시지도 않았어요.
한편 다메섹에는 '아나니아'라는 제자가 있었답니다. 예수님께서 아나니아의 꿈에 나타나셔서 말씀하셨어요. "아나니아야! 일어나서 '곧은 길'이라 부르는 거리로 가서, 유다의 집에 있는 사울이라는 다소 사람을 찾아라. 그는 지금 기도하고 있다." 그러자 아나니아가 대답하였어요. "주님, 그가 예루살렘에서 주님의 성도들을 얼마나 많이 괴롭혔는지를 많은 사람에게서 들었습니다. 그런데 어떻게 제가 가서 도와주란 말입니까?"
예수님께서 다시 말씀해 주셨어요. "아니다. 가거라. 그는 내 이름을 이방 사람들과 임금들과 이스라엘 자손들 앞에 가지고 갈 내가 택한 내 그릇이다. 그가 내 이름을 위하여 얼마나 많은 고난을 받아야 할지를 내가 그에게 보여 주려고 한다." 그래서 아나니아는 그 집을 찾아가 사울에게 손을 얹고 기도해 주었어요. 그러자 곧 사울의 눈에서 비늘 같은 것이 떨어져 나가며 다시 보게 되었어요. 그는 즉시 세례를 받았고 음식을 먹어서 힘을 얻었지요. 사울은 며칠 동안 다메섹에 있는 제자들과 함께 지내며 여러 회당에서 예수가 하나님의 아들이심을 신포하고 나녔어요. 그 말을 듣는 사람들은 모두 다 놀라서 말했어요. "이 사람은, 예루살렘에서 예수의 이름을 부르는 이들을 마구 죽이던 바로 그 사람이 아니야?" 그러나 사울은 더욱더 힘을 얻어서, 예수가 그리스도이심을 증거하였습니다.

아하! 나는 성경박사!

1 사울이 다메섹으로 가면서 가졌던 희망을 다음 중에서 골라 보세요.

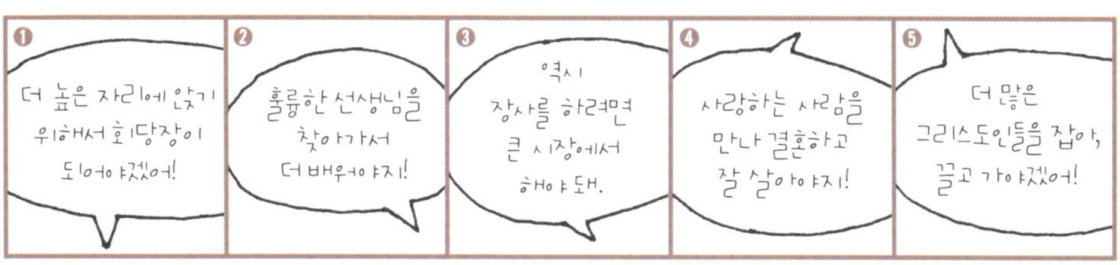

2 다시 보게 된 사울에게 하나님은 무슨 희망을 심어 주셨나요? 올바른 문장이 완성되도록 아래의 글자를 순서대로 놓아 보세요.

하	니	겠	예	다	수	습	님	전	을

답 : 예수님을 전하겠습니다

꼬마 말씀사전

다메섹 : 이스라엘 북쪽으로 240km나 멀리 떨어져 있는 옛날부터 크고 유명한 도시랍니다. 강과 산이 어우러져 있고 사람이 다니기에 편한 곳이어서, 예수님 당시 아주 번성한 도시였어요.

핍박 : 힘이나 권력 따위로 약한 사람들을 괴롭히거나 못살게 해를 입힌다는 의미를 가지고 있어요. 그리스도인들은 로마와 유대인들에게 예수님을 믿는다는 이유로 괴롭힘과 해를 당하며 살았답니다.

가자, 세상으로!

1 나만을 위한 잘못된 욕심과 하나님이 주신 희망을 구별해 보세요. 아래의 주머니 중에서 희망보따리에는 ★를, 욕심보따리에는 ×를 그려 넣어 주세요. 비어 있는 보따리에는 욕심과 구별된 나의 희망을 적어 보아요.

2 특종! 이 사람을 만나다!

하나님을 향한 희망으로 꿈을 키웠더니 20년 후에 발행될 신문에 '나'에 대한 기사가 났어요. 뭐라고 기사가 쓰여 있을지 상상하여 적어 보세요.

①에는 자신의 이름을 적고, ②에는 이루어 낸 희망을 적어봅니다.

말씀을 생각하며 기도해요

사랑의 하나님! 오늘도 우리에게 올바른 희망을 가르쳐 주셔서 고맙습니다. 세상은 아직도 나만의 욕심과 자랑을 위한 희망을 가지라며 외치고 있는데, 하나님께서는 우리에게 사랑과 이해와 용서가 가득 찬 희망을 주셨으니 얼마나 고마운지 몰라요. 이제는 나만이 이 희망을 가지는 것이 아니라 다른 친구들에게도 전하고 나누며 살게요. 예수님의 이름으로 기도합니다. 아멘.

희망의 사람, 바울!
(사도행전 27:14~44)

쏘옥! 말씀 이야기

"사람 살려. 유라굴로다~ 유라굴로야."
바다 한가운데서 한 척의 배가 큰 폭풍을 만났어요. 배는 폭풍에 휘말려 더 이상 앞으로 나가지 못했어요. 배를 항해하던 모든 선원들도 바람 부는 대로 떠밀려 갈 뿐이었어요. 항해하는 것을 포기한 채 모든 사람들이 밧줄을 몸에 묶고 무서워 벌벌 떨고 있었어요. 더 이상 살 수 있다는 희망을 모두 포기하고 말았어요.
그때 한 사람, 바울이 외쳤어요. "여러분, 힘을 내세요. 이 배만 잃을 뿐, 여러분 중에는 한 사람도 목숨을 잃지 않을 것입니다. 지난밤에 내가 섬기는 하나님의 천사가 내게 말해 주었습니다. 반드시 하나님의 말씀이 이루어질 것이라 믿습니다."
사람들은 바울의 말에 희망을 가졌어요. 이렇게 사흘, 나흘…, 시간이 흘러 사람들은 14일 동안 폭풍 속에서 계속 시달렸어요. 이제는 그동안 음식도 못 먹고 지칠 대로 지쳐서 모두가 살 희망을 가질 수 없었어요. 이때 또다시 희망의 사람 바울이 사람들에게 일어나 기운을 내고 떡을 먹으라고 외칩니다.
"여러분, 힘을 내세요. 구원을 받을 것이니 떡을 먹고 힘을 내세요."
사람들은 그의 힘찬 격려에 떡을 먹고 희망을 버리지 않았어요. 살 희망을 가졌어요. 무섭게 몰아치는 폭풍 속에서 배에 탄 276명의 사람들 모두는 두려움과 절망에 빠졌지만, 한 사람 바울은 결코 포기하지 않았어요. 절망하지 않았어요. 끝까지 하나님이 구원하시리라는 희망으로 죽음의 공포를 이길 수 있었어요. 다른 사람들도 격려할 수 있었어요. 드디어 새벽이 되어 배는 산산이 부서졌지만 그 배에 탄 276명 모두는 안전하게 육지에 도착했어요. 할렐루야!
아무리 어려운 상황 속에서도 하나님이 주신 희망을 간직한 사람은 이길 수 있어요. 두렵지 않아요. 바울처럼 구원에 대한 확실한 희망으로 매일매일 힘차게 승리하는 우리가 되어요.

아하! 나는 성경박사!

1 바울을 포함해서 배에 탄 모든 사람들이 만난 무섭고 사나운 폭풍의 이름은 무엇인가요? 다음 그림에서 글자를 찾아 답을 써 보세요(행 27:14). 그리고 오른쪽 빈칸에는 요즘 나에게 사나운 폭풍처럼 희망을 잃어버리게 만드는 어려운 일들은 무엇인지 간단한 단어나 문장으로 써 보세요.

나를 힘들게 하는 것들

2 바울이 선포한 희망의 메시지를 찾아서 적어 보세요.

어젯 밤에 하나님의 사자가 제게 말씀하셨습니다.
"바울아 두려워하지 말라 네가 ○○○앞에 서야 하겠고
또 ○○○께서 너와 함께 ○○하는 자를 다 네게 주셨다 하였으니
그러므로 여러분이여 ○○○○ 나는 내게 말씀하신
○○○ 되리라고 하나님을 ○○○"(사도행전 27:24~25)

가자, 세상으로!

1 우리는 하나님이 주시는 희망을 가지고 힘차게 살아야 해요. 그 희망으로 바울처럼 어떤 어려움을 만나도 이겨 낼 수 있을 거예요. 나를 구원하시는 하나님을 믿고 희망하면서 굳게 다짐을 해 보아요. 다짐문을 적고 사인을 한 후, 친구에게 희망의 말을 적어주세요.

2 하나님이 주시는 희망으로 매일매일 최선을 다하는 우리, 내 옆에 가까이 두고, 기억해야 할 희망의 말씀으로 책갈피를 만들어 봅시다.

- 희망의 말 예문 : 하나님은 항상 널 지키신다. 하나님은 널 하나님나라 백성으로 구원하셨어. 넌 하나님의 아들! 넌 하나님의 딸! 하나님이 나에게 주신 희망은 꼭 이루어진다.
- 준비물 : 색종이(부록), 투명시트지(혹은 손 코팅지), 가위, 네임펜, 사인펜
- 만드는 방법 :
  ① 마음에 드는 색종이를 골라 희망의 말을 펜으로 예쁘게 적는다.
  ② 사인펜으로 자신이 쓴 희망의 말 주변에 말풍선을 그려 넣는다.
  ③ 색종이를 말풍선 모양으로 오려 내고 코팅한 후 다시 모양에 맞게 오린다.

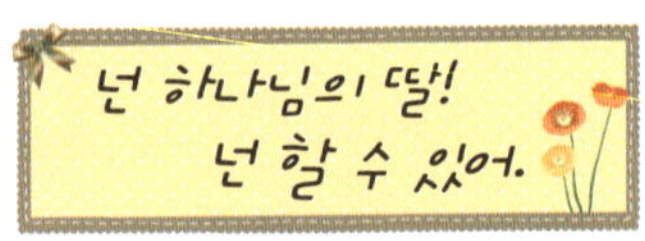

말씀을 생각하며 기도해요

하나님은 우리들을 사랑하시고 늘 돌보신다는 귀한 약속을 주십니다. 또 예수 그리스도를 통해 천국의 기쁨을 주십니다. 이런 귀한 희망을 저희에게 주심을 감사합니다. 언제나 이 희망을 잃지 않고 살게 해주세요. 예수님의 이름으로 기도합니다. 아멘.

질서

질서의 하나님을 따라서 살래요

(창세기 1:1~31)

쏘옥! 말씀 이야기

태초에 하나님께서 하늘과 땅을 **창조**하셨습니다. 그런데 그 땅은 지금처럼 짜임새 있는 모습이 아니었고, 생물하나 없이 텅 비어 있었습니다. 어둠이 깊은 바다를 덮고 있었고 하나님의 영은 물 위에서 움직이고 계셨습니다.
그때 하나님이 말씀하셨습니다. "빛이 있어라" 그러자 빛이 생겼고 그 빛이 하나님 보시기에 좋아 하나님은 빛과 어둠을 나누셨습니다. 하나님은 "물 한가운데 둥근 공간이 생겨 물을 나누어라"라고 말씀하셨습니다. 공간 아래의 물과 공간 위의 물을 나누신 하나님은 그 공간을 '하늘'이라 부르셨습니다. 하나님이 말씀하셨습니다. "하늘 아래의 물은 한 곳으로 모이고 드러나라" 하나님은 드러난 뭍을 땅이라, 물이 모인 곳은 바다라 부르셨습니다. 하나님이 "땅은 풀과 씨를 맺는 식물과 씨가 든 열매 맺는 온갖 과일 나무를 내라"라고 말씀하시자 땅은 각기 종류대로 나무를 내었습니다. "하늘에는 빛들이 있어 낮과 밤을 나누고, 계절과 날과 해를 구별하라. 우주 공간에 떠 있는 것들은 하늘에서 빛을 내어 땅을 비추어라" 하나님이 말씀하시자 그대로 되었습니다. 하나님은 "물은 움직이는 생물을 많이 내고, 하늘에는 새들이 날아다녀라. 새끼를 많이 낳고, 번성하여 바닷물을 가득 채우라. 새들은 땅에 번성하여라"라고 말씀하시며 커다란 바다짐승과 물에서 움직이는 생물과 날개 달린 새를 그 종류에 따라 창조하시고 복을 주셨습니다. "땅은 온갖 생물, 가축과 기어다니는 것과, 들짐승을 각기 종류대로 내어라"라고 말씀하시며 땅의 온갖 들짐승과 가축과 기어다니는 생물들을 만드셨습니다.
하나님은 "우리가 우리의 모습과 형상대로 사람을 만들자. 그래서 바다의 물고기와 공중의 새와 온갖 가축과 들짐승과 땅 위에 기어다니는 모든 생물을 **다스리게** 하자"라고 말씀하시며 하나님의 형상대로 사람을 창조하시되 남자와 여자를 만드셨습니다. 하나님께서 손수 만드신 모든 것을 보시니, 보시기에 매우 좋았습니다.

아하! 나는 성경박사!

1 창세기 1장 31절의 말씀입니다. 번호에 맞는 모양을 찾아 모양 안에 적힌 구절을 _____ 위에 적어보세요.

_____ ❸ _____ ❺ _____ ❽

_____ ❶ _____ ❹ _____ ❻

_____ ❷ _____ ❼

2 하나님이 창조하신 이 세상을 살펴볼까요? 각 피조물들이 만들어진 날이 몇째 날인지 맞게 연결해 보세요.

해와 달과 별 ●	● 첫째 날
빛 ●	● 둘째 날
하늘과 물 ●	● 셋째 날
사람 ●	● 넷째 날
나무와 채소 ●	● 다섯째 날
새와 물고기 ●	● 여섯째 날

꼬마 말씀사전

창조하다 : '창조하다'는 히브리어로는 '바라'라는 단어입니다. 히브리어 '바라'는 아무것도 없는 것에서 무언가를 생기게 한다는 뜻을 가진 단어로 하나님의 전능하신 능력을 나타냅니다. 사람이 자연을 변형하여 무언가 만드는 것과는 전적으로 다르지요.

다스리다 : 힘을 마음대로 행사하는 것이 아니라, 하나님의 질서에 따라 모든 것이 어울려 행복하게 살아가도록 지키고 돌보는 것을 의미합니다.

가자, 세상으로!

1 "생육하고 번성하여 땅에 충만하여 땅을 정복하고 다스리라"라는 하나님의 창조질서에 따라 살아가기 위해 우리가 할 수 있는 일이 무엇일지 생각해보고 광고포스터를 꾸며보세요.

하나님의 창조질서를 따라서!

이것만은 지킵시다!

첫째! ______________________

____

둘째! ______________________

____

2 하나님의 질서를 따라 사는 것은 아주 작은 일부터 시작할 수 있답니다. 아래에 나와 있는 작은 것부터 하나씩 실천해보세요.

이렇게 실천해요!	체크	이렇게 실천해요!	체크
가까운 거리는 걸어 다녀요!		세수할 때 물은 받아서 사용합니다.	
예쁜 꽃을 보더라도 꺽지 않아요!		습관적으로 텔레비전을 켜놓지 않아요.	
일회용품(종이컵, 종이접시 등)의 사용을 줄여요.		종이를 아끼고 재활용해요!	
이를 닦을 때는 컵을 사용해요.		음식은 먹을 만큼만 담고, 남기지 않아요!	
사용하지 않는 전기 코드는 뽑아둬요.		물건을 살 때 환경마크가 있는 것을 사요.	

말씀을 생각하며 기도해요

질서의 하나님, 하나님이 만들어주신 질서를 지키며 이 세상을 더욱더 행복하고 아름답게 만들어 가는 저와 친구들이 되게 해주세요. 예수님의 이름으로 기도합니다. 아멘.

질서

하나님의 질서를 따르는 교회

(고린도전서 14:26~33)

쏘옥! 말씀 이야기

바울 선생님은 고린도교회 사람들에게 말씀하셨어요.

"성도 여러분, 여러분이 함께 모일 때, 어떤 사람에게는 찬송할 것이 있고, 어떤 사람은 가르칠 것이 있고, 또 다른 사람에게는 계시가 있고, **방언**도 있고, 통역하는 것도 있을 것입니다. 이 모든 것은 교회의 덕이 되게 행하십시오. 누군가 방언을 말하게 되는 경우, 두 사람 혹은 기껏해야 세 사람 정도만 말하게 하십시오. 그것도 한 번에 한 사람씩 말하고, 한 사람은 통역을 하십시오. **통역**하는 사람이 없으면 교회에서는 방언을 하지 말고, 자기 자신과 하나님께만 말하십시오. 예언하는 사람의 경우에는 두세 명이 말하고, 다른 사람은 그들이 말하는 것을 분별하도록 하십시오. 예언자들의 영은 예언자들의 자기 절제에 의해 통제를 받습니다. 하나님은 무질서의 하나님이 아니라 평화의 하나님이십니다.

하나님의 말씀이 여러분에게서 나왔습니까? 아니면, 하나님의 말씀이 여러분에게만 내렸습니까? 누구든지 자기를 예언자나 영적인 선물을 받은 자로 생각하는 사람이 있으면, 내가 여러분에게 쓴 것이 주님의 계명이라는 것을 명심하십시오. 이러한 사실을 인정하지 않는 사람은, 자신도 인정받지 못할 것입니다. 그러므로 나의 성도 여러분, 예언하기를 간절히 바라십시오. 그리고 방언으로 말하는 것을 막지 마십시오. 다만 모든 것을 적당하게 하고 질서 있게 하십시오."

아하! 나는 성경박사!

1 고린도교회는 하나님이 주신 은사가 많은 교회였지만, 그것을 제대로 사용하지 않아서 무질서한 교회였습니다. 고린도교회의 문제를 찾아보세요. (   )

① 질서를 지켜 예배드렸다.
② 방언을 할 때 여러 사람이 한꺼번에 말하였다.
③ 방언을 할 때 차례를 지켜서 하고, 한 사람은 통역을 하였다.
④ 통역하는 사람이 없을 때는 방언을 하지 않았다.
⑤ 예언을 하는 사람이 있으면 다른 사람은 그 예언을 분별하였다.

2 고린도교회에 필요한 것은 무엇이었을까요? 암호를 풀어서 아래의 빈칸에 적어보세요.

▶ ✥ ◐ ✚   ♤ ❖ ◉ ♣ ✽

ㄱ	ㄴ	ㄷ	ㄹ	ㅁ	ㅂ	ㅅ	ㅇ	ㅈ	ㅊ
★	※	△	◉	▣	◐	♣	▶	♤	♡
ㅏ	ㅐ	ㅑ	ㅓ	ㅔ	ㅕ	ㅖ	ㅗ	ㅛ	ㅜ
●	✚	◒	✽	▣	◔	✥	□	◆	▨
ㅠ	ㅢ	ㅣ							
ⓐ	◈	❖							

□□의 □□

꼬마 말씀사전

방언 : 하나님께서 주시는 선물의 한 가지로, 다른 사람들이 알아들을 수 없는 말로 기도하는 것을 말합니다.

통역 : 하나님이 주신 방언을 다른 사람들이 알고, 하나님을 뜻을 깨우칠 수 있도록 돕는 은사입니다.

가자, 세상으로!

1 우리 교회에는 각자의 자리에서 교회를 이루는 분들이 많아요. 누가 있는지 찾아보고, 교회에서 어떤 일들을 하시는지 적어보아요.

목사님		장로님	
집사님		선생님	

2 교회에 모인 사람들은 서로 다르지만 예수님 안에서 한 마음을 이루고, 교회를 이루고 있답니다. 각자가 맡은 자리에서 예배를 드리고, 자기가 가진 재능으로 열심히 섬길 때, 교회 안에 질서가 생기고 평화가 가득가득 넘쳐나지요. 이것을 기억하며 함께 찬양을 불러 보아요. 그리고 밑줄 친 가사에는 내가 우리 교회를 어떻게 섬길 수 있을지 생각해서 개사해서 불러보아요.

하나되는 예수님의 어린이

노진아 사
신현호 곡

Copyright by 장로회신학대학교 기독교교육연구원

말씀을 생각하며 기도해요

하나님, 교회에 모인 우리들은 서로 달라요. 하지만 하나님을 사랑하는 마음으로 이 자리에 나왔어요. 우리 안에 질서를 세워 주시고, 제일 잘 하는 것으로 하나님을 기쁘게 해 드리는 어린이가 되게 해 주세요. 하나님의 질서로 화평을 이루는 우리 교회가 되게 해 주세요. 예수님의 이름으로 기도합니다. 아멘.

겸손

하나님 앞에 선 이사야!

(이사야 6:1~7)

쏘옥! 말씀 이야기

아하스 왕이 다스리던 예루살렘은 큰 걱정이 있었어요. 이웃나라인 북 이스라엘이 아람 나라와 손을 잡고 예루살렘을 쳐들어오려 하고 있었거든요. 그러나 이스라엘 사람들은 하나님을 의지하지 않았어요. 자신들의 생각과 고집대로 교만하게 행동했어요. 아하스 왕도 하나님보다는 자신의 생각을 더 믿는 **교만**한 왕이었어요. "내 생각대로 예루살렘을 다스릴 거야. 하나님보다는 앗수르 나라를 의지할거야. 하하하."

어느 날 하나님의 사람 이사야는 하나님의 성전에 갔어요. 그때 소리가 들렸어요. "거룩하다. 거룩하다. 거룩하다. 만군의 여호와여 그의 영광이 온 땅에 충만하도다." 이사야는 하나님이 높은 보좌에 앉아 계신 것을 보았어요. 또한 여섯 날개를 가진 **스랍**들이 하나님을 모시고 있었어요. 그 순간 이사야는 너무 놀라서 소리쳤어요. "아! 나는 이제 망하게 되었구나. 난 죄인이야. 다른 사람들처럼 입술로, 마음으로 죄를 지은 죄인인데 …. 이런 내가 거룩하신 하나님을 뵙다니, 난 죽고 말거야." 이사야는 거룩한 하나님 앞에 서니, 자신의 죄가 너무나 부끄러웠어요. 그때 하나님을 모시던 스랍들 중 하나가 부젓가락을 들고 제단에서 핀 숯을 담아 이사야에게 날아왔어요. 그리고는 그 숯을 이사야의 입술에 대었어요. "보라. 이것이 네 입에 닿았으니 네 죄가 사하여졌느니라."

아하! 나는 성경박사!

1 성전에서 이사야는 거룩하신 하나님을 뵙고 두려워합니다. 이사야가 본 것은 무엇이었나요? 단어를 찾아서 동그라미를 해 보세요. 대각선, 가로, 세로 모두 가능합니다. (4개)

○○ ○○를 가진 ○○
높은 ○○에 앉으신 ○○○

하	보	하	님	사	여
백	좌	기	나	람	섯
성	넘	옷	자	님	날
돌	연	비	입	술	개
기	고	기	스	랍	들
요	동	죽	던	해	왕

정답 : 여섯 날개, 스랍, 보좌, 하나님

2 하나님 앞에 선 이사야의 고백을 적어보세요. 또한 그 후에 스랍들이 나타나서 숯을 이사야의 입술에 대고 나서 한 말은 무엇인가요? 이사야의 고백과 스랍들의 말을 완성해보세요.

○로다 나여 망하게 되었도다.
나는 ○○이 부정한 사람이요,
나는 ○○이 부정한 사람들 중에
거주하면서 만군의 여호와이신
○을 뵈었음이로다 (사 6:5)

스랍들

보라. 이것이 네 ○에 닿았으니
네 ○이 제하여졌고
네 ○가 사하여졌느니라
(사 6:7)

〈보기〉 월, 화, 수, 입술, 백성, 입, 군인들, 왕, 공주, 십자가, 죄, 돈, 악

꼬마 말씀사전

교만 : 잘난 체하며 뽐내고 건방진 것을 뜻합니다. 성경에서 교만은 하나님의 뜻을 행하지 않는 것을 뜻합니다.

스랍 : 성경에서는 여러 종류의 천사의 존재를 말씀하고 있는데, 그 중 천사의 한 명칭으로서 '스랍' 이 나옵니다. 그 모습은 여섯 날개를 가졌으며, 둘로는 얼굴을 가리고 둘로는 발을 가리고 둘로는 날고 있었다고 이사야 선지자는 말씀해줍니다.

가자, 세상으로!

1 거룩하신 하나님 앞에 선 나를 정직하게 한 번 들여다보세요. 지금 떠오르는 나의 죄를 간단한 문장으로 써 보세요. 그리고 함께 회개기도 하기로 해요.

2 내가 아무리 깨끗하다고 자부해도 거룩하신 하나님 앞에 서면, 우리는 부끄러운 죄인이에요. 겸손할 수밖에 없어요. 선생님이 내 주시는 지시어를 따라 고백하는 마음으로 다음의 찬양을 부르세요. (지시어의 예 : 옆 친구와 손잡고 부르기 / 기도 손 하고 부르기 / 무릎 꿇고 부르기)

회개송

권경미 사
손경민 곡

말씀을 생각하며 기도해요

거룩하신 하나님, 하나님 앞에 설 때 저희들은 부끄러운 죄를 깨닫게 됩니다. 하나님을 어려서부터 알게 하시고 죄를 깨닫게 하시니 감사합니다. 하나님 앞에서 항상 겸손한 사람으로 살게해 주세요. 예수님의 이름으로 기도합니다. 아멘.

세례요한의 겸손
(요한복음 3:22~30)

쏘옥! 말씀 이야기

세례요한은 살렘 근처에 있는 **애논**에서 세례를 주었습니다. 이는 그 곳에 물이 많고, 사람들도 계속해서 나아왔기 때문입니다. 세례요한은 많은 사람들에게 하나님이 보내신 뛰어난 선지자이거나 혹은 더 나아가 이스라엘을 구원할 그리스도일지도 모른다는 생각을 들게 한 사람이었습니다. 그래서 세례요한이 가르치는 말씀이나 세례에 수많은 사람들이 몰려들어 귀담아 듣고 그를 따르며 존경했습니다. 그런데 어느 날, 예수님께서 나타나셨고 그분도 사람들에게 세례와 말씀을 베풀기 시작하면서 세례요한을 따르던 많은 사람들이 예수님에게로 떠나갔습니다. 이런 일이 있은 후에 요한의 제자들 중 몇 사람과 유대인 사이에 **정결 예법**에 대한 논쟁이 벌어졌습니다. 그래서 세례요한의 제자들이 와서 말했습니다. "선생님, 요단 강 동편에서 선생님과 함께 계시던 분, 즉 선생님께서 이전에 증언하셨던 그분이 지금 세례를 주고 계시며, 모든 사람들이 그분에게로 가고 있습니다."
그러자 요한이 대답했습니다. "하늘의 하나님께서 주지 않으시면, 사람은 아무것도 받을 수 없다. 너희들은, 내가 '나는 그리스도가 아니며 그분보다 앞서 보냄을 받은 사람이다'라고 말한 것을 들은 증인들이다. 그분은 점점 더 위대해질 것이고, 나는 점점 더 사람들의 관심에서 멀어지게 될 것이다."
세례요한은 자신은 낮아지고 예수님을 높이는 겸손의 사람이었습니다.

아하! 나는 성경박사!

1 세례요한의 제자들은 세례요한보다 예수님의 인기가 높아지자 실망했을 거예요. 다음의 글을 읽고 시간이 지남에 따라 세례요한의 제자들이 어떤 표정을 지었을지 아래의 이모티콘 중에 골라 표현해 보세요.

"스승님(세례요한)의 가르침과 세례를 받기 위해 사람들이 구름떼와 같이 몰려들었어요."

⇨

"나사렛 예수에게 세례를 받으러 사람들이 떠나갔고, 다른 유대인들도 스승님(세례요한)을 무시하기 시작했어요."

⇨

"스승님(세례요한)은 오히려 예수는 흥해야 하고 나는 쇠해야 한다며 우리를 실망시키셨어요."

〈보기〉

(ㅠ.ㅠ)	ㅅ(￣⌒￣ㅅ)	s(￣▽￣)/	(*￣ .￣)a
♬(^0^)~♪	＼(*`Д´)/	(/—_-)/~	—..—oo
O(￣▽￣)o	☞"^▽^"☜	(*^---^*)	ご,.ごoo

2 위와 같은 마음을 가졌던 제자들에게 세례요한은 겸손과 존중의 마음을 가지라고 가르쳐 주었어요. 아래에서 세례 요한의 가르침을 받은 제자들의 다짐이 아닌 것을 골라보세요. (   )

① 선생님! 이제 예수님을 참된 스승으로 모시겠습니다.
② 그래, 나를 더욱 낮추자! 나보다 다른 이를 높이면 되겠지?
③ 저도 선생님을 따라 더욱 예수님을 알리도록 노력하겠습니다.
④ 선생님! 제가 도망간 녀석들 모조리 잡아올게요. 기다리세요.
⑤ 예수님 같은 분을 몰라보다니, 이제 그분만이 나의 구원자이심을 믿겠습니다.

꼬마 말씀사전

애논 : 예수님이 유대에서 세례 받으실 즈음에 세례요한이 세례를 준 장소입니다. 살렘 근처로 물이 풍부한 곳으로 알려져 있습니다.

정결 예법 : 이전에 지었던 죄를 회개하고 씻는다는 표시로 하나님 앞에 새롭게 변화되는 모습을 다짐하는 예식입니다. 물속에 몸을 담그는 예식, 머리에 물을 붓는 예식 등의 물세례가 있고, 성령을 받아 변화되는 성령세례가 있습니다.

가자, 세상으로!

우리 삶 속에서 어떻게 겸손과 존중을 실천할 수 있을까요? 이리저리 엉켜있는 선을 따라 가 보세요. 겸손을 실천할 수 있는 말을 만나게 될거예요. 그리고 비어있는 칸에는 나의 겸손의 다짐을 적어보세요.

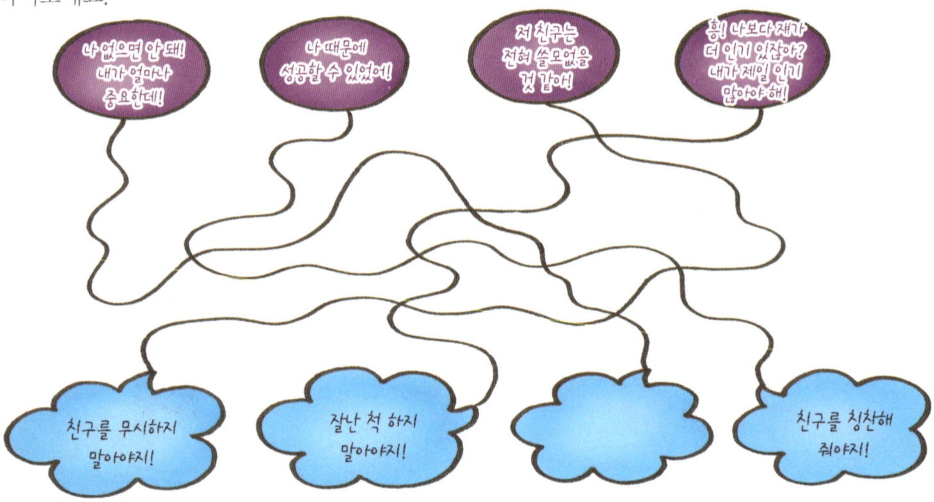

말씀을 생각하며 기도해요

사랑의 하나님, 우리도 세례요한과 같이 자기를 낮추고 예수님을 높이는 겸손과 존중의 마음을 가질 수 있도록 인도해 주세요. 언제나 나만 자랑하고 나만 높이던 모습에서 이제는 예수님을 높이며 예수님을 자랑하는 어린이로 자라게 도와주세요. 예수님의 이름으로 기도합니다. 아멘.

가장 큰 기쁨
(마태복음 28:1~8)

쏘옥! 말씀 이야기

안식일 다음날, 바로 그 주간의 동틀 무렵에 **막달라 마리아**와 다른 마리아가 무덤을 보러 갔습니다. 그런데 갑자기 큰 지진이 일어나더니 주의 천사가 하늘에서 내려와 돌을 굴려 내고 그 돌 위에 앉았습니다. 그 천사의 모습은 번개와 같았고 옷은 눈처럼 희었습니다. 경비병들은 그 천사를 보고 두려워 떨면서 마치 죽은 사람들처럼 됐습니다. 그 천사가 여자들에게 말했습니다. "두려워하지 말라. 너희가 십자가에 못 박히신 예수를 찾고 있는 것을 안다. 예수께서는 여기 계시지 않고 말씀하신 대로 살아나셨다. 여기 와서 예수께서 누워 계셨던 자리를 보라. 그리고 빨리 가서 그분의 제자들에게 '예수께서 죽은 사람 가운데서 살아나셨고, 너희보다 먼저 갈릴리로 가시니 그곳에서 너희가 예수를 보게 될 것이다' 라고 말하라. 자, 이것이 내가 너희에게 전하는 말이다." 그러자 여인들은 서둘러 무덤을 떠났습니다. 그들은 두려우면서도 한편으로는 기쁨에 가득 차 제자들에게 알리려고 뛰어갔습니다.

아하! 나는 성경박사!

1 본문 말씀(마 28:1~8)을 가지고 연극 대본을 만든다면, 등장인물과 제목은 어떻게 정할 수 있을까요? 친구들이 말씀을 잘 읽고 제목과 등장인물을 모두 적어보세요.

○○교회 부활절 연극 대본

제 목 : [   ]
무 대 : 예수님의 무덤가
시 간 : 안식일이 지난 다음날 새벽쯤
등장인물 : (   ), (   ), (   ), (   ), (   )

2 천사의 모습과 그 말을 들은 마리아와 경비병들은 처음에는 비슷한 모습이었지만 나중에는 서로 다른 모습을 하게 되었어요. 무엇이 비슷했고 무엇이 달라졌는지 보기에서 찾아 이모티콘으로 그려보세요.

천사를 본 처음 모습	
마리아	경비병

〈보기〉

천사를 본 나중 모습	
마리아	경비병

꼬마 말씀사전

막달라 마리아 : 막달라 지역 출신으로 일곱 귀신 들렸던 여자였으나 예수님에 의해 고침을 받고 (눅 8:2~3) 이후에 예수님과 제자들을 섬겼답니다. 그리고 예수님을 끝까지 따른 사람으로 예수님이 십자가에 달려 죽으실 때까지 십자가 곁에서 예수님을 지켜보았어요(요 19:25). 안식일 다음날 예수님의 시체에 바를 향유를 가지고, 이른 아침에 예수님의 무덤에 가다가 예수님의 부활을 처음 목격하는 사람이 되었고, 이를 예수님의 제자들에게 가장 먼저 알려서 부활을 전한 처음 사람이기도 하답니다.

가자, 세상으로!

1 최고의 기쁨인 부활을 알기 전, 나에게 가장 기뻤던 소식은 무엇이었나요? 언제가 가장 기뻤던 때였는지, 그 기쁜 소식을 누구에게 가장 먼저 전했는지 서로 이야기해 보세요.

2 이제 우리는 세상의 그 어떤 기쁨보다 부활이 가장 기쁜 소식이자 선물임을 알게 되었어요. 그렇다면 다른 친구들에게 부활을 어떻게 소개할지 아래의 빈 칸에 미리 적어볼까요?

친구야! 가장 큰 기쁨을 소개해 줄게! 부활은 말이야…,

말씀을 생각하며 기도해요

부활의 선물을 우리에게 주신 하나님, 이 세상 그 어떤 기쁨보다 부활의 기쁨을 가장 최고로 여길 수 있게 해 주시고, 이 최고의 기쁨을 나누고 전하며 사는 우리가 되게 인도해 주세요.
예수님의 이름으로 기도합니다. 아멘.

기쁨

기쁨으로 이겨낸 사도들
(사도행전 5:32~42)

쏘옥! 말씀 이야기

"우리는 이 모든 일들의 증인이고 하나님께서 그분께 순종하는 사람들에게 주신 성령 또한 그 일들의 증인이십니다." 그들은 이 말을 듣고 화가 치밀어 사도들을 죽이려고 했습니다. 그런데 **가말리엘**이라는 한 바리새인이 **공회** 가운데 일어났습니다. 그는 율법학자로서 모든 사람의 존경을 한 몸에 받고 있는 사람이었습니다. 그는 사도들을 잠시 공회 밖으로 내보내라고 명령하고는 이렇게 말했습니다.

"이스라엘 사람들이여! 여러분들은 지금 당장 저 사도들을 잡아다가 가두려고 하지 마십시오. 얼마 전 '드다'라는 사람이 나타나서 자기를 따르라고 했을 때, 우리가 힘쓰며 애쓰지 않아도 그 무리들이 모조리 죽거나 망하지 않았습니까? 결국 하나님의 사람이 아니라는 것을 스스로 증명해 주었지요. 마찬가지로 복음을 전하는 사도들이 만약 하나님의 사람이 아니라면, 스스로 망하거나 죽게 될 것입니다. 그러니까 그들을 두고 봅시다. 정말로 하나님으로부터 온 사람들이라면 하나님이 쓰실 것입니다. 잘못하면 우리가 하나님을 대적하는 일이 되고 말 것입니다."

그의 말은 충분히 설득력이 있어서 사도들을 잡아 죽이려는 사람들의 마음을 움직였습니다. 이제 예수님을 전하던 사도들은 죽음에서 놓이게 되었습니다. 감옥에서 살아 나온 그들은 더욱 열심히 예수님을 전하였습니다. 예수님을 전하다가 모욕을 당하거나 매를 맞아도 그들은 포기하지 않았습니다. 아니, 오히려 더욱 기뻐하였습니다. 사람들은 이상하게 여겼습니다. 그리고 궁금하게 생각했습니다. '아니, 도대체 무엇 때문에 사도들이 기뻐하는 것일까?'

기쁨에 가득한 사도들의 발걸음은 멈출 줄 몰랐습니다. 그들은 날마다 성전에서, 또 집집마다 다니면서 예수님이 그리스도이시며, 우리를 구원하신 분임을 선포하였습니다. 그래서 이 기쁨의 소식은 계속되었답니다.

아하! 나는 성경박사!

1 복음을 전하러 나갔던 사도들에게 어떤 일들이 있었는지 알맞은 그림에 V표 해보세요.

말씀을 전하다가 감옥에 갇혔다.
(　　)

대제사장의 위협이 무서워서 숨어 있었다.
(　　)

예수님을 전하는 것 때문에 매를 맞았다.
(　　)

2 사도들은 예수님을 전한다는 이유로 많은 어려움을 겪었어요. 하지만 사도들은 기뻐하면서 어떻게 했는지 말씀을 찾아 빈칸에 알맞은 말을 써 보세요.

날마다 성전 뜰과 집집마다 다니며
○○는 ○○○○라고
가르치고 전도했어요!
(사도행전 5장 42절)

꼬마 말씀사전

가말리엘 : 바리새파이자 위대한 율법학자로 바울이 이 사람에게서 율법을 배웠다고 합니다. (행 22:3) 산헤드린 공회가 예수를 전한다는 이유로 제자들을 죽이려고 할 때 사도들을 변증해주었습니다. (행 5:33~40)

공회 : 법적, 종교적인 일을 논의하기 위해 모이는 것을 말합니다. 신약에서 공회는 유대인들의 최고 통치 단체인 산헤드린을 말합니다. 최고의장은 대제사장으로 그 구성원은 제사장들, 장로들, 서기관들이었습니다.

가자, 세상으로!

사도들은 부활의 기쁨이라는 에너지로 세상을 이기고 예수님을 전했답니다. 아래 그림은 나의 '에너지 충전소' 입니다. 나는 어떤 에너지를 채워서 사도들처럼 세상을 이기고 복음을 전하는 어린이가 될지, 나의 에너지 칸을 채워봅시다. 왼쪽에 있는 항목에서 골라 나의 에너지 칸을 채워보세요.

말씀을 생각하며 기도해요

하나님, 나에게 어려움과 힘든 일이 와도 기뻐하는 하나님의 어린이가 되고 싶어요. 하나님의 어린이로서 용기 있게 예수님을 전하고, 기쁨으로 어려움을 이겨나가는 어린이가 되도록 도와주세요. 예수님의 이름으로 기도합니다. 아멘.

사랑

으뜸은 사랑입니다
(고린도전서 13:1~8, 13)

쏘옥! 말씀 이야기

내가 아무리 천사의 말을 할지라도 사랑이 없으면 울리는 징이나 요란한 꽹과리가 될 뿐입니다. 또한 내가 예언하는 능력을 가지고 있고, 많은 지식이 있고, 산을 옮길만한 믿음을 가지고 있을지라도 내게 사랑이 없으면 아무 소용이 없습니다. 내가 내 모든 재산을 나누어 줄지라도, 자랑스러운 일을 하려고 내 몸을 넘겨 줄지라도, 내게 사랑이 없으면, 내게는 아무런 이로움이 없습니다.
사랑은 오래 참고, 사랑은 **온유**합니다. 사랑은 다른 사람을 시기하지 않고, 다른 사람들에게 나를 자랑하지 않습니다. 또한, 사랑은 교만하지 않습니다. 사랑은 무례히 행하지 않으며, 나만의 유익을 구하지 않습니다. 사랑은 성을 내지 않고, 다른 사람을 향하여 원한을 품지 않습니다. 사랑은 불의한 것을 보고 기뻐하지 않고, 진리와 함께 기뻐합니다. 사랑은 모든 것을 덮어주는 것입니다. 사랑은 모든 것을 믿습니다. 사랑은 모든 것을 바라고, 모든 것을 견딥니다. 예언도 사라지고, **방언**도 그치고, 지식도 사라지지만 사랑은 없어지지 않습니다. 믿음, 소망, 사랑 이 세 가지는 항상 있을 것인데, 그 가운데서 으뜸은 바로, 사랑입니다.

아하! 나는 성경박사!

1 고린도전서 13장은 '사랑장' 이라는 별명을 가지고 있습니다. 그만큼 '사랑' 에 대해서 자세히 설명해주고 있어요. 사랑은 ○○하지 않고, 사랑은 ○○해요. 아래에 흩어져 있는 단어를 No 바구니와 Yes 바구니에 분류해서 담아주세요.

오래참음, 온유, 시기, 자랑, 교만, 무례히 행함,
자기 유익을 구함, 성냄, 악한생각,
불의를 기뻐함, 진리와 함께 기뻐함, 모든 것 참음,
모든 것 믿음, 모든 것 바람, 모든 것을 견딤

2 다음의 예는 고린도전서 13장에서 설명하는 사랑의 어떤 모습인지 위의 보기에서 골라서 써보세요.

❶ 친한 친구와 함께 어린이 대회에 나갔는데, 친구만 상을 받았어요. 비록 나는 상을 못 받았지만 진심으로 친구를 축하해주었어요.
사랑은 ○○ 하지 않아요!

❷ 나랑 친했던 친구가 나를 이유 없이 따돌려요. 나도 같이 따돌리고 욕할 수 있었지만 참았어요. 그리고 하나님께서 원하시는 일도 아닌 것 같아요.
사랑은 ○○ 해요!

3 고린도전서 13장 13절의 말씀의 빈칸을 채워보세요.

그런즉 ○○, ○○, ○○, 이 세 가지는 항상 있을 것인데
그 중의 제일은 ○○이라 (고전 13:13)

꼬마 말씀사전

온유 : 성격과 태도가 부드럽고 따뜻한 것을 말합니다. 표준 새번역 성경에는 '친절' 이라고 번역되어 있습니다.

방언 : 한 언어에서 사용 지역이나 사회 계층에 따라 다른 언어를 말해요. 또는 성격의 은사를 받은 사람들이 성령에 의해 사용하는 언어를 말해요.

가자, 세상으로!

1 내가 생각하는 사랑은 어떤 것인지 적어볼까요? 그리고 가까운 가족과 친구들에게 어떻게 나의 사랑을 보여줄 것인지 구체적인 실천사항을 적어보세요. 하지 말아야 할 것과 해야 할 것들을 나누어서 적어보세요.

사랑은, ______________ ______________ 이다.	하지 말아야 할 것	해야 할 것

2 위에서 적은 구체적인 실천내용을 LoveLove 카드로 만들어서 쿠폰처럼 나눠 주세요. 그리고 LoveLove 카드에 적힌 대로 사랑을 표현해보세요! (부록에 내용을 적은 후, 그대로 오려서 사용하세요. 손코팅지를 이용해서 코팅을 해도 좋습니다.)

♥ LoveLove 카드 ♥

카드혜택 : 제게 화를 내셔도 3번 참아드립니다. 사랑하니까요~ ♡

유효기간 : __월/_____년

*사용방법 : 제게 와서 "사랑해"라고 말씀하신 후 이 카드를 제시해 주시면 바로 혜택을 드립니다.

♥ LoveLove 카드 ♥

카드혜택 :

유효기간 : __월/_____년

*사용방법 : 제게 와서 "사랑해"라고 말씀하신 후 이 카드를 제시해 주시면 바로 혜택을 드립니다.

3 사랑 가득한 예수님의 사람으로 살기로 다짐하면서 고린도전서 13장의 말씀에서 '사랑' 이 들어갈 부분에 나의 이름을 넣어서 읽어보세요. 그리고 말씀처럼 사랑하며 살기로 다짐해요!

> ♡♡는 오래 참고 ♡♡는 온유하며 시기하지 아니하며 ♡♡는 자랑하지 아니하며 교만하지 아니하며 무례히 행하지 아니하며 자기의 유익을 구하지 아니하며 성내지 아니하며 악한 것을 생각하지 아니하며 불의를 기뻐하지 아니하며 진리와 함께 기뻐하고 모든 것을 참으며 모든 것을 믿으며 모든 것을 바라며 모든 것을 견디느니라 (고린도전서 13:4~7)

말씀을 생각하며 기도해요

우리를 사랑하시는 하나님! 감사합니다. 우리를 향하여 언제나 오래 참으시는 사랑을 보여주시는 하나님, 우리도 다른 사람을 향하여 오래 참아주고, 온유하며, 나의 유익만을 구하지 않는 참된 사랑을 할 수 있도록 도와주세요. 예수님의 이름으로 기도합니다. 아멘.

사랑

가서, 너도 그와 같이 사랑 하라!

(누가복음 10:30~37)

쏘옥! 말씀 이야기

자기를 옳게 보이고 싶어 하는 **율법교사**가 예수님께 질문을 했습니다. "내가 사랑해야하는 내 이웃은 누구입니까?" 율법교사의 질문에 예수님은 다음의 이야기를 들려주셨습니다.

어떤 사람이 예루살렘에서 여리고로 내려가다가 강도를 만났습니다. 강도들은 그 사람의 옷을 벗기고 때린 후 거의 죽게 된 채로 내버려 두고 갔습니다. 마침 거의 죽게 된 그 사람 앞에 제사장이 지나가게 되었습니다. 그러나 제사장은 그 사람을 보고 피하여 지나갔습니다. 그 후에 **레위 사람**도 그곳에 이르러 그 사람을 보고 피해서 지나갔습니다. 그러나 지나가던 **사마리아 사람**은 그 사람을 보고 측은한 마음이 들어서, 그에게 가까이 가서 그 상처에 올리브기름과 포도주를 붓고 싸맨 다음에, 여관으로 데리고 가서 돌보아 주었습니다. 다음날 그는 여관 주인에게 두 데나리온의 돈을 주면서 "이 사람을 돌보아 주십시오. 비용이 더 들면 내가 돌아오는 길에 갚겠습니다"라고 부탁하였습니다.

이야기를 다 들려주신 후 예수님께서는 율법교사에게 질문하셨습니다. "제사장, 레위사람, 사마리아 사람, 이 세 사람 중 누가 강도만난 사람에게 이웃이 되어 주었다고 생각하느냐?" 율법교사가 대답하였습니다. "그에게 자비를 베푼 사람입니다." 예수님께서는 이렇게 대답하셨습니다. "가서, 너도 그와 같이 하여라!"

아하! 나는 성경박사!

1 예수님과 율법교사의 대화를 잘 살펴보고, 율법교사와 예수님의 대답을 말풍선에 적어보세요.

2 예수님께서 들려주신 선한 사마리아 사람의 이야기를 그림을 보고 순서대로 나열해보세요.

선한 사마리아 사람 이야기 순서 (→ → → →)

꼬마 말씀사전

율법교사 : 학문에 능통한 사람, 특히 모세의 율법을 전문적으로 가르치는 율법 해석자를 말해요.

레위 사람 : 제사장을 도와 성막에서 봉사의 일을 하던 사람들을 말합니다.

사마리아 사람 : 사마리아 성읍이나 사마리아 지역에 사는 사람들로, 유대인들은 B. C. 721년 사마리아가 앗수르에 의해 멸망하면서 이방인들이 그 땅에 들어와 살게 되면서 생겨난 혼혈족이라는 이유로 사마리아 사람들을 적대적으로 대하고, 무시하였습니다.

가자, 세상으로!

1 다음의 신문기사를 읽어보세요. 우리의 친절한 사랑이 필요한 이웃을 그냥 지나쳐가지 않았던 한 사람의 이야기입니다. 다음과 같은 비슷한 상황을 경험한 적이 있었나요? 그때 나는 어떠했는지, 그리고 우리는 어떻게 사랑을 베풀 수 있는지 친구들과 함께 이야기 나눠보세요.

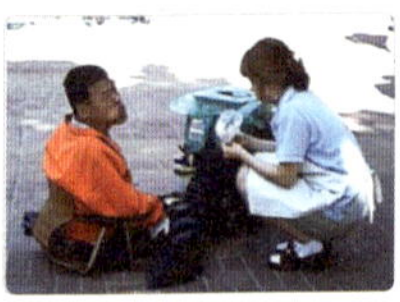

지난 20일 구걸하던 장애 노숙자에게 빵을 떼어 먹이는 감동적인 사진으로 네티즌들 사이에 "빵집 천사 아가씨"로 불리는 길지빈(24.여)씨는 "그날도 '아저씨 몸 상태가 많이 안 좋아져서 팔, 다리도 제대로 못 움직이고 먹지도 못하는 것 같다'는 가게 직원들의 얘기를 듣고 밖을 보니 아저씨가 너무 안돼 보여 빵을 들고 나와서 떼어 먹여드린 것뿐"이라며 설명했다. 그는 또 "누구라도 아저씨 상태를 봤으면 그럴 수밖에 없었을 것"이라며 "평소 직원들에게 '좋은 일 하라'며 만 원짜리를 건네며 아저씨에게 갖다 주라고 시키셨던 이모부와 평생을 베풀고 살아오셨던 아버지에 비하면 아무것도 아니다"고 겸손해했다.

2004.10.22 국민일보 쿠키뉴스 인터뷰 중

2 잠깐, 내 주변에 나의 친절한 사랑이 필요한 사람은 누구인지 떠올려보세요. 그들에게 나는 어떤 도움을 줄 수 있을까요?

나의 친절한 사랑이 필요한 사람들

내가 할 수 있는 작은 도움들 적어보기

말씀을 생각하며 기도해요

사랑의 하나님 감사합니다. 우리 주변에는 우리의 친절과 사랑이 필요한 이웃들이 많이 있습니다. 그 이웃들을 그냥 지나쳐버리지 말게 하시고, 그들에게 하나님의 사랑과 친절을 보여줄 수 있는 우리가 되게 해주세요. 예수님의 이름으로 기도합니다. 아멘.

책임

하나님 사랑, 이웃 사랑
(마태복음 22:23~40)

쏘옥! 말씀 이야기

부활이 없다고 하는 사두개인들이 예수님께 와서 부활과 관련된 질문을 하면서 예수님을 시험하려고 했어요. 그러나 예수님께서는 죽은 자의 부활에 대해 이렇게 말씀하셨어요. "하나님께서 말씀하시기를 '나는 아브라함의 하나님, 이삭의 하나님, 야곱의 하나님이다.' 하나님은 살아 있는 사람들의 하나님이시지, 죽은 사람들의 하나님이 아니시다"라고 말이지요. 사람들은 예수님의 이러한 가르침을 듣고 놀랐답니다. 그 소문을 듣고 예수님을 미워하던 **바리새인**들도 찾아왔어요.

그 사람들은 예수님이 하시는 일이나 말씀에 꼬투리를 잡아서 흠을 내려고 했지요. "선생님, 우리가 지켜야 할 율법에서 가장 중요한 것은 무엇입니까?"

예수님께서는 이렇게 말씀하셨어요. "마음과 목숨과 정성을 다하여 하나님을 사랑하는 것이란다. 하나님을 사랑하는 것이야 말로 가장 중요하고 우선되는 **계명**이다."

예수님은 또 말씀하셨어요. "두 번째는, 너의 이웃을 네 자신처럼 사랑하는 것이다. 이 계명도 하나님을 사랑하는 첫 번째 계명과 같이 중요하다."

예수님은 하나님께서 지키라고 명령하신 것 중에서 가장 중요한 것은 하나님을 사랑하는 것과 이웃을 사랑하는 것임을 말씀하셨어요. 하나님을 사랑하는 우리도 꼭 지켜야 할 두 가지가 있어요. 바로 하나님을 사랑하기, 이웃을 사랑하기! 이 두 가지를 기억하며 실천할 수 있는 모두가 되기로 해요.

아하! 나는 성경박사!

1 예수님께서 말씀하신 첫 번째 계명이에요. 빈칸에 들어갈 알맞은 말을 찾아 써 보세요.

네 ○○을 다하고 ○○을 다하고
○을 다하여 주 너의 ○○○을 사랑하라!
(마태복음 22:37)

2 예수님께서 알려주신 가장 큰 계명은 두 가지입니다. 다음 빈칸을 채워 완성하세요.

가장 큰 계명 = ○○○ 사랑 + ○○ 사랑 (마태복음 22:37~39)

꼬마 말씀사전

바리새인 : 율법을 엄격하게 지킨 사람들로, 하나님을 믿는 믿음보다 율법을 잘 지키는 것을 더 중요하게 생각했답니다.

계명 : 하나님의 명령이에요. 이 말은 하나님께서 이스라엘 백성들에게 지키라고 명령하신 율법과도 같은 말이에요.

가자, 세상으로!

1 우리의 책임을 다하며 살아가기 위해 우리는 예수님께서 말씀하신 두 가지 계명을 지키며 살아야 해요. 구체적으로 우리가 할 수 있는 일들을 꽃 모양에 적어 보세요.

2 위에 적은 내용들 중에서 이번 주 내가 지킬 수 있는 '하나님 사랑'과 '이웃 사랑'을 한가지씩 써 보고 어떻게 지킬지 계획해 보세요. 꼭 지킬 것을 다짐하면서 서명란에 인주로 약속도장을 찍어 보세요.

말씀을 생각하며 기도해요

하나님, 오늘도 우리에게 하나님의 말씀을 알게 해주셔서 감사합니다. 예수님께서 알려주신 가장 큰 계명이 하나님을 사랑하는 것과 이웃을 사랑하는 것임을 알게 되었어요. 날마다 하나님을 사랑하는 마음이 커갈수록 하나님께서 우리에게 주신 사랑을 이웃에게도 전하고 실천할 수 있도록 도와주세요. 예수님의 이름으로 기도합니다. 아멘.

착하고 충성된 종아!

(마태복음 25:14~30)

쏘옥! 말씀 이야기

예수님께서 제자들에게 말씀하셨습니다.
천국은 마치 어떤 주인이 여행을 떠날 때, 종들을 불러서 자기 재산을 맡긴 것에 비유할 수 있다. 주인은 종들에게 각각 다섯 **달란트**, 두 달란트, 한 달란트를 맡겼다. 다섯 달란트를 받은 종은 그것으로 장사를 하여 다섯 달란트를 더 남겼고, 두 달란트를 받은 종도 두 달란트를 더 벌었다. 그러나 한 달란트를 받은 종은 땅을 파서 그곳에 주인의 돈을 숨겼다. 세월이 흘러 주인이 돌아와서 종들과 셈을 할 때, 다섯 달란트를 받은 종은 다섯 달란트를 더 가지고 와서 "주인님, 제게 다섯 달란트를 맡기셨는데, 보십시오. 다섯 달란트를 더 남겼습니다!"라고 말했다. 다섯 달란트를 더 남긴 종에게 주인은 "참 잘했구나. 너는 착하고 충성된 종이다. 네가 작은 것에 최선을 다했으니 내가 훨씬 더 많은 것을 너에게 맡기겠다. 주인과 함께 기쁨을 누려라"라고 말했다.
두 달란트를 받았던 종도 두 달란트를 더 남겨왔고, 주인은 그에게도 "참 잘했구나"라고 칭찬해 주었다. 그리고 한 달란트를 받았던 종이 주인에게 와서 말했다. "주인님, 저는 주인님이 심지 않은 데서 거두고, 씨 뿌리지 않은 데서 거두는 완고한 분이라 생각했습니다. 그래서 두려운 마음으로 밖에 나가 돈을 땅에 숨겼습니다. 이제 주인님이 제게 주신 돈을 도로 받으십시오."
그러자 주인이 대답했다. "이 악하고 게으른 종아! 너는 내가 심지도 않은 데서 거두어 들이고, 씨 뿌리지 않은 곳에서 거두어 들인다고 생각했느냐? 그렇다면 너는 내 돈을 은행에 넣어 두었어야 했다. 그러면 내가 다시 돌아왔을 때 이자와 함께 내 돈을 돌려받았을 것이다. 저 종에게서 돈을 빼앗아 열 달란트 가진 종에게 주어라."

아하! 나는 성경박사!

1 주인에게 5 달란트, 2 달란트, 1 달란트를 받은 종들은 각 각 그것을 어떻게 사용했는지 빈 주머니에 적어보세요. 그리고 주인은 종들에게 무엇이라고 말했는지 〈보기〉에서 찾아서 ☐ 에 적어보세요.

〈보기〉
"참 잘했구나. 너는 착하고 충성된 종이다." / "이 악하고 게으른 종아!"

꼬마 말씀사전

천국 : 하나님께서 통치하시는 나라, 하나님의 나라를 말해요. 복음서 중에서 마태복음에서는 하나님의 나라를 '천국'이라고 말하고 있지요. 예수님께서는 하나님의 나라를 비유로 많이 말씀해 주셨답니다.

달란트 : 유대의 무게와 화폐의 단위를 말합니다. 신약 시대 1 달란트는 약 20.4kg정도 되었고, 당시 노동자의 하루 임금의 6,000배가 되는 어마어마한 돈이었습니다. 또한 달란트는 재능, 능력을 나타내는 뜻으로도 사용된답니다.

가자, 세상으로!

1 주인이 종들에게 달란트를 맡긴 것처럼, 하나님께서는 우리에게 모두 달란트를 주셨습니다. 그러나 그 달란트가 무엇인가보다 더 중요한 것은 그것을 얼만큼 성실하게, 책임을 다하여 사용하느냐가 더 중요하답니다. 하나님께서 나에게 주신 달란트, 즉 재능은 무엇인지 한번 생각해 보세요. 그리고 그것을 어떻게 사용할 것인지 적어보세요.

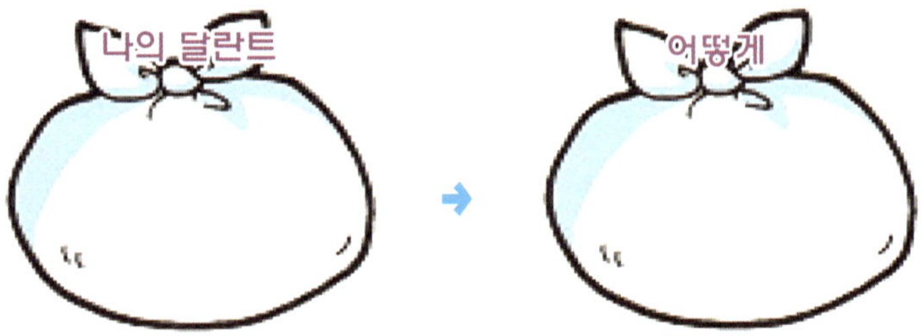

2 하나님이 맡겨주신 나의 달란트를 어떻게 사용할 것인지 적어보고, 오려서 책갈피를 만들어보세요. 손 코팅지로 코팅을 한 후, 펀치를 뚫어 리본을 달아 만들어보세요. (부록자료)

(준비물 : 손 코팅지, 리본 끈, 펀치)

하나님이 주신 나의 달란트를 이렇게 사용하겠습니다!

말씀을 생각하며 기도해요

하나님, 우리에게 다양한 달란트를 주셔서 감사합니다. 하나님께서 주신 달란트를 땅속에 묻어두고 썩히는 것이 아니라 하나님이 기뻐하시는 일에, 하나님이 나에게 맡기신 일에 잘 사용할 수 있는 지혜를 주세요. 그래서 하나님께 "착하고 충성된 종아~"라는 칭찬을 듣게 해주세요.
예수님의 이름으로 기도합니다. 아멘.

해피투게더

방덕종 사, 곡

우 리 들 모 여 서 모 두 함 께 찬 양 해 요 –
예 수 님 이 야 기 재 미 있 게 들 어 봐 요 –
우 하 하 하 호 호 호 – 우 헤 헤 – 히 히히
모 두 모 여 즐 거 운 – 해 – 피 투 게 더 –
우 리 모 두 함 께 모 여 – 예 배 하 는 – 시 간
누 구 라 도 오 세 요 키 – 즈 투 게 더 –
키 – – 즈 투 – 게 더 키 투 키 투 키~
투 ~ 랄 라 라 라 즐 거 워 키 – 즈 투 게 더 –

하나님만 예배해요!

박신애 사
손경민 곡

희망 성경공부 2 책갈피 용지

사랑 성경공부 2
love love카드

LoveLove 카드

카드혜택 :

유효기간 : ____월 / ______년

*사용방법 : 제게 와서 "사랑해"라고 말씀하신 후
이 카드를 제시해 주시면 바로 혜택을 드립니다.

LoveLove 카드

카드혜택 :

유효기간 : ____월 / ______년

*사용방법 : 제게 와서 "사랑해"라고 말씀하신 후
이 카드를 제시해 주시면 바로 혜택을 드립니다.

책임 성경공부 2 책갈피 용지